竹山高田忠周書

六體千字文

富山房發行

六體千字文

六體千字序

周氏千文。以無複字。最善學書教本。故先有智永眞艸千文。後眞書。有歐陽詢褚遂良艸書。有孫過庭懷素。各競神技。以後書人。不暇僂指。唯諸家文字。正俗混亂。學者困其選擇。故余不顧陋劣。正其誤者。書六體千文。且附校字與釋義。以示童蒙。學者由之以爲指南。然後從其所好。鍊磨習得。以能爲一家可矣。

丁丑之春 竹山逸人

近來學書者。重北碑。輕南帖。蓋北碑多見筆致快健。然學之者。或陷荒僻。喜新厭舊。人情恒習。然可不愼哉。在初學。當先修正法。而後從其所好也。宋王柏云。今之學書者。不能推其原。以復乎古。乃欲眩其詭。以揚其波。亦所以誡急於奇巧。而遠於古道者。蔡邕云。夫書先默坐靜思。隨意所適。言不出口。氣不盈息。沈密神彩。如對至尊。則無不善矣。此論可拳拳服膺已矣。余欲與固守古拙。不走新奇之徒。孜孜從事于此。黃庭堅云。書字雖工拙在人。要須年高手硬。心意閒澹。乃入微耳。勉旃哉勉旃哉。

竹山

天地玄黃宇宙洪荒
天地玄黃宇宙洪荒
天地玄黃宇宙洪荒
天地玄黃宇宙洪荒
天地玄黃宇宙洪荒
天地玄黃宇宙洪荒

一

日月盈昃辰宿列張
日月盈昃辰宿列張
日月盈昃辰宿列張
日月盈昃辰宿列張
日月盈昃辰宿列張
日月盈昃辰宿列張

二

寒來暑往秋收冬藏
寒來暑往秋收冬藏
寒來暑往秋收冬藏
寒來暑往秋收冬藏
寒來暑往秋收冬藏
寒來暑往秋收冬藏

閏餘成歲律呂調陽
閏餘成歲律呂調陽
閏餘成歲律呂調陽
閏餘成歲律呂調陽
閏餘成歲律呂調陽
閏餘成歲律呂調陽

雲騰致雨露結為霜
雲騰致雨露結為霜
雲騰致雨露結為霜
雲騰致雨露結為霜
雲騰致雨露結為霜
雲騰致雨露結為霜

金生麗水玉出崑岡
金生麗水玉出崑岡
金生麗水玉出崑岡
金生麗水玉出崑岡
金生麗水玉出崑岡
金生麗水玉出崑岡

劍號巨闕珠稱夜光
劍號巨闕珠稱夜光
劍號巨闕珠稱夜光
劍號巨闕珠稱夜光
劍號巨闕珠稱夜光
劍號巨闕珠稱夜光

果珍李柰菜重芥薑
果珍李柰菜重芥薑
果珍李柰菜重芥薑
果珍李柰菜重芥薑
果珍李柰菜重芥薑
果珍李柰菜重芥薑

海鹹河淡鱗潛羽翔
海鹹河淡鱗潛羽翔
海鹹河淡鱗潛羽翔
海鹹河淡鱗潛羽翔
海鹹河淡鱗潛羽翔
海鹹河淡鱗潛羽翔

龍師火帝鳥官人皇
龍師火帝鳥官人皇
龍師火帝鳥官人皇
龍師火帝鳥官人皇
龍師火帝鳥官人皇
龍師火帝鳥官人皇

始制文字乃服衣裳

始制文字乃服衣裳

始制文字乃服衣裳

始制文字乃服衣裳

始制文字乃服衣裳

始制文字乃服衣裳

推位讓國有虞陶唐

推位讓國有虞陶唐

推位讓國有虞陶唐

推位讓國有虞陶唐

推位讓國有虞陶唐

推位讓國有虞陶唐

弔民伐罪周發殷湯
弔民伐罪周發殷湯
弔民伐罪周發殷湯
弔民伐罪周發殷湯
弔民伐罪周發殷湯
弔民伐罪周發殷湯

坐朝問道垂拱平章
坐朝問道垂拱平章
坐朝問道垂拱平章
坐朝問道垂拱平章
坐朝問道垂拱平章
坐朝問道垂拱平章

愛育黎首臣伏戎羌
愛育黎首臣伏戎羌
愛育黎首臣伏戎羌
愛育黎首臣伏戎羌
愛育黎首臣伏戎羌
愛育黎首臣伏戎羌

遐邇壹體率賓歸王
遐邇壹體率賓歸王
遐邇壹體率賓歸王
遐邇壹體率賓歸王
遐邇壹體率賓歸王
遐邇壹體率賓歸王

鳴鳳在樹白駒食場
鳴鳳在樹白駒食場
鳴鳳在樹白駒食場
鳴鳳在樹白駒食場
鳴鳳在樹白駒食場
鳴鳳在樹白駒食場

化被草木賴及萬方
化被草木賴及萬方
化被草木賴及萬方
化被草木賴及萬方
化被草木賴及萬方
化被草木賴及萬方

蓋此身髮四大五常

蓋此身髮四大五常

蓋此身髮四大五常

蓋此身髮四大五常

蓋此身髮四大五常

蓋此身髮四大五常

恭惟鞠養豈敢毀傷

恭惟鞠養豈敢毀傷

恭惟鞠養豈敢毀傷

恭惟鞠養豈敢毀傷

恭惟鞠養豈敢毀傷

恭惟鞠養豈敢毀傷

女慕貞絜男效才良

女慕貞絜男效才良

女慕貞絜男效才良

女慕貞絜男效才良

女慕貞絜男效才良

女慕貞絜男效才良

知過必改得能莫忘

知過必改得能莫忘

知過必改得能莫忘

知過必改得能莫忘

知過必改得能莫忘

知過必改得能莫忘

罔談彼短靡恃己長
罔談彼短靡恃己長
罔談彼短靡恃己長
罔談彼短靡恃己長
罔談彼短靡恃己長
罔談彼短靡恃己長

信使可覆器欲難量
信使可覆器欲難量
信使可覆器欲難量
信使可覆器欲難量
信使可覆器欲難量
信使可覆器欲難量

墨悲絲染詩讚羔羊

墨悲絲染詩讚羔羊

墨悲絲染詩讚羔羊

墨悲絲染詩讚羔羊

墨悲絲染詩讚羔羊

墨悲絲染詩讚羔羊

景行維賢克念作聖

景行維賢克念作聖

景行維賢克念作聖

景行維賢剋念作聖

景行維賢剋念作聖

景行維賢刻念作聖

德建名立形端表正
德建名立形端表正
德建名立形端表正
德建名立形端表正
德建名立形端表正
德建名立形端表正

空谷傳聲虛堂習聽
空谷傳聲虛堂習聽
空谷傳聲虛堂習聽
空谷傳聲虛堂習聽
空谷傳聲虛堂習聽
空谷傳聲虛堂習聽

禍因惡積福緣善慶

禍因惡積福緣善慶

禍因惡積福緣善慶

禍因惡積福緣善慶

禍因惡積福緣善慶

禍因惡積福緣善慶

尺璧非寶寸陰是競

尺璧非寶寸陰是競

尺璧非寶寸陰是競

尺璧非寶寸陰是競

尺璧非寶寸陰是競

尺璧非寶寸陰是競

資父事君曰嚴與敬
資父事君曰嚴與敬
資父事君曰嚴與敬
資父事君曰嚴與敬
資父事君曰嚴與敬
資父事君曰嚴與敬

孝當竭力忠則盡命
孝當竭力忠則盡命
孝當竭力忠則盡命
孝當竭力忠則盡命
孝當竭力忠則盡命
孝當竭力忠則盡命

臨深履薄夙興溫凊
臨深履薄夙興溫凊
臨深履薄夙興溫凊
臨深履薄夙興溫凊
臨深履薄夙興溫凊
臨深履薄夙興溫凊

似蘭斯馨如松之盛
似蘭斯馨如松之盛
似蘭斯馨如松之盛
似蘭斯馨如松之盛
似蘭斯馨如松之盛
似蘭斯馨如松之盛

川流不息淵澄取英
川流不息淵澄取英
川流不息淵澄取英
川流不息淵澄取暎
川流不息淵澄取暎
川流不息淵澄取暎

容止若思言辭安定
容止若思言辭安定
容止若思言辭安定
容止若思言辭安定
容止若思言辭安定
容止若思言辭安定

篤初誠美慎終宜令

篤初誠美慎終宜令

篤初誠美慎終宜令

篤初誠美慎終宜令

篤初誠美慎終宜令

篤初誠美慎終宜令

榮業所基籍甚無竟

榮業所基籍甚無竟

榮業所基籍甚無竟

榮業所基籍甚無竟

榮業所基籍甚無竟

榮業所基籍甚無竟

學優登仕攝職從政
學優登仕攝職從政
學優登仕攝職從政
學優登仕攝職從政
學優登仕攝職從政
學優登仕攝職從政

存以甘棠去而益詠
存以甘棠去而益詠
存以甘棠去而益詠
存以甘棠去而益詠
存以甘棠去而益詠
存以甘棠去而益詠

樂殊貴賤禮別尊卑
樂殊貴賤禮別尊卑
樂殊貴賤禮別尊卑
樂殊貴賤禮別尊卑
樂殊貴賤禮別尊卑
樂殊貴賤禮別尊卑

上和下睦夫唱婦隨
上和下睦夫唱婦隨
上和下睦夫唱婦隨
上和下睦夫唱婦隨
上和下睦夫唱婦隨
上和下睦夫唱婦隨

外受傅訓入奉母儀

外受傅訓入奉母儀

外受傅訓入奉母儀

外受傅訓入奉母儀

外受傅訓入奉母儀

外受傅訓入奉母儀

諸姑伯叔猶子比兒

諸姑伯叔猶子比兒

諸姑伯叔猶子比兒

諸姑伯叔猶子比兒

諸姑伯叔猶子比兒

諸姑伯叔猶子比兒

孔懷兄弟同氣連枝
孔懷兄弟同氣連枝
孔懷兄弟同氣連枝
孔懷兄弟同氣連枝
孔懷兄弟同氣連枝
孔懷兄弟同氣連枝

交友投分切磨箴規
交友投分切磨箴規
交友投分切磨箴規
交友投分切磨箴規
交友投分切磨箴規
交友投分切磨箴規

仁慈隱惻造次弗離

仁慈隱惻造次弗離

仁慈隱惻造次弗離

仁慈隱惻造次弗離

仁慈隱惻造次弗離

仁慈隱惻造次弗離

節義廉退顛沛匪虧

節義廉退顛沛匪虧

節義廉退顛沛匪虧

節義廉退顛沛匪虧

節義廉退顛沛匪虧

節義廉退顛沛匪虧

性靜情逸心動神疲
性靜情逸心動神疲
性靜情逸心動神疲
性靜情逸心動神疲
性靜情逸心動神疲
性靜情逸心動神疲

守眞志滿逐物意移
守眞志滿逐物意移
守眞志滿逐物意移
守眞志滿逐物意移
守眞志滿逐物意移
守眞志滿逐物意移

堅持雅操好爵自縻

堅持雅操好爵自縻

堅持雅操好爵自縻

堅持雅操好爵自縻

堅持雅操好爵自縻

堅持雅操好爵自縻

都邑華夏東西二京

都邑華夏東西二京

都邑華夏東西二京

都邑華夏東西二京

都邑華夏東西二京

都邑華夏東西二京

背邙面洛浮渭據涇
背邙面洛浮渭據涇
背邙面洛浮渭據涇
背邙面洛浮渭據涇
背邙面洛浮渭據涇
背邙面洛浮渭據涇

宮殿盤鬱樓觀飛驚
宮殿盤鬱樓觀飛驚
宮殿盤鬱樓觀飛驚
宮殿盤鬱樓觀飛驚
宮殿盤鬱樓觀飛驚
宮殿盤鬱樓觀飛驚

圖寫禽獸畫綵僊靈
圖寫禽獸畫綵僊靈
圖寫禽獸畫綵僊靈
圖寫禽獸畫綵僊靈
圖寫禽獸畫綵僊靈
圖寫禽獸畫綵僊靈

丙舍傍啓甲帳對楹
丙舍傍啓甲帳對楹
丙舍傍啓甲帳對楹
丙舍傍啓甲帳對楹
丙舍傍啓甲帳對楹
丙舍傍啓甲帳對楹

肆筵設席鼓瑟吹笙
肆筵設席鼓瑟吹笙
肆筵設席鼓瑟吹笙
肆筵設席鼓瑟吹笙
肆筵設席鼓瑟吹笙
肆筵設席鼓瑟吹笙

升階納陛弁轉疑星
升階納陛弁轉疑星
升階納陛弁轉疑星
升階納陛弁轉疑星
升階納陛弁轉疑星
升階納陛弁轉疑星

右通廣內左達承明
右通廣內左達承明
右通廣內左達承明
右通廣內左達承明
右通廣內左達承明
右通廣內左達承明

既集墳典亦聚群英
既集墳典亦聚群英
既集墳典亦聚群英
既集墳典亦聚群英
既集墳典亦聚群英
既集墳典亦聚群英

杜槀鍾隸漆書壁經

杜槀鍾隸漆書壁經

杜槀鍾隸漆書壁經

杜槀鍾隸漆書壁經

杜槀鍾隸漆書壁經

杜槀鍾隸漆書壁經

府羅將相路俠槐卿

府羅將相路俠槐卿

府羅將相路俠槐卿

府羅將相路俠槐卿

府羅將相路俠槐卿

府羅將相路俠槐卿

世祿侈富車駕肥輕

世祿侈富車駕肥輕

世祿侈富車駕肥輕

世祿侈富車駕肥輕

世祿侈富車駕肥輕

世祿侈富車駕肥輕

策功茂實勒碑刻銘

策功茂實勒碑刻銘

策功茂實勒碑刻銘

策功茂實勒碑刻銘

策功茂實勒碑刻銘

策功茂實勒碑刻銘

戶封八縣家給千兵

戶封八縣家給千兵

戶封八縣家給千兵

戶封八縣家給千兵

戶封八縣家給千兵

戶封八縣家給千兵

高冠陪輦驅轂振纓

高冠陪輦驅轂振纓

高冠陪輦驅轂振纓

高冠陪輦驅轂振纓

高冠陪輦驅轂振纓

高冠陪輦驅轂振纓

磻溪伊尹佐時阿衡
磻溪伊尹佐時阿衡
磻溪伊尹佐時阿衡
磻溪伊尹佐時阿衡
磻溪伊尹佐時阿衡
磻溪伊尹佐時阿衡

奄宅曲阜微旦孰營
奄宅曲阜微旦孰營
奄宅曲阜微旦孰營
奄宅曲阜微旦孰營
奄宅曲阜微旦孰營
奄宅曲阜微旦孰營

桓公匡合濟弱扶傾

桓公匡合濟弱扶傾

桓公匡合濟弱扶傾

桓公匡合濟弱扶傾

桓公匡合濟弱扶傾

桓公匡合濟弱扶傾

綺回漢惠說感武丁

綺回漢惠說感武丁

綺回漢惠說感武丁

綺回漢惠說感武丁

綺回漢惠說感武丁

綺回漢惠說感武丁

俊乂密勿多士寔寧
俊乂密勿多士寔寧
俊乂密勿多士寔寧
俊乂密勿多士寔寧
俊乂密勿多士寔寧
俊乂密勿多士寔寧

晉楚更霸趙魏困橫
晉楚更霸趙魏困橫
晉楚更霸趙魏困橫
晉楚更霸趙魏困橫
晉楚更霸趙魏困橫
晉楚更霸趙魏困橫

假途滅虢踐土會盟

假途滅虢踐土會盟

假途滅虢踐土會盟

假途滅虢踐土會盟

假途滅虢踐土會盟

假途滅虢踐土會盟

何遵約法韓弊煩刑

何遵約法韓弊煩刑

何遵約法韓弊煩刑

何遵約法韓弊煩刑

何遵約法韓弊煩刑

何遵約法韓弊煩刑

起翦頗牧用軍最精
起翦頗牧用軍最精
起翦頗牧用軍最精
起翦頗牧用軍最精
起翦頗牧用軍最精
起翦頗牧用軍最精

宣威沙漠馳譽丹青
宣威沙漠馳譽丹青
宣威沙漠馳譽丹青
宣威沙漠馳譽丹青
宣威沙漠馳譽丹青
宣威沙漠馳譽丹青

九州禹跡百郡秦并

九州禹跡百郡秦并

九州禹跡百郡秦并

九州禹跡百郡秦并

九州禹跡百郡秦并

九州禹跡百郡秦并

嶽宗泰岱禪主云亭

嶽宗泰岱禪主云亭

嶽宗泰岱禪主云亭

嶽宗泰岱禪主云亭

嶽宗泰岱禪主云亭

嶽宗泰岱禪主云亭

雁門紫塞雞田赤城

雁門紫塞雞田赤城

雁門紫塞雞田赤城

雁門紫塞雞田赤城

雁門紫塞雞田赤城

雁門紫塞雞田赤城

昆池碣石鉅野洞庭

昆池碣石鉅野洞庭

昆池碣石鉅野洞庭

昆池碣石鉅野洞庭

昆池碣石鉅野洞庭

昆池碣石鉅野洞庭

曠遠緜邈巖岫杳冥
曠遠緜邈巖岫杳冥
曠遠緜邈巖岫杳冥
曠遠緜邈巖岫杳冥
曠遠緜邈巖岫杳冥
曠遠緜邈巖岫杳冥

治本於農務茲稼穡
治本於農務茲稼穡
治本於農務茲稼穡
治本於農務茲稼穡
治本於農務茲稼穡
治本於農務茲稼穡

俶載南畝我藝黍稷
俶載南畝我藝黍稷
俶載南畮我藝黍稷
俶載南畝我藝黍稷
俶載南畝我藝黍稷
俶載南畝我藝黍稷

稅熟貢新勸賞黜陟
稅熟貢新勸賞黜陟
稅熟貢新勸賞黜陟
稅熟貢新勸賞黜陟
稅熟貢新勸賞黜陟
稅熟貢新勸賞黜陟

孟軻敦素史魚秉直

孟軻敦素史魚秉直

孟軻敦素史魚秉直

孟軻敦素史魚秉直

孟軻敦素史魚秉直

孟軻敦素史魚秉直

庶幾中庸勞謙謹敕

庶幾中庸勞謙謹敕

庶幾中庸勞謙謹敕

庶幾中庸勞謙謹敕

庶幾中庸勞謙謹敕

庶幾中庸勞謙謹敕

聆音察理鑑貌辨色

聆音察理鑑貌辨色

聆音察理鑒貌辨色

聆音察理鑑貌辯色

聆音察理鑑貌辨色

聆音察理鑑貌辨色

貽厥嘉猷勉其祗植

貽厥嘉猷勉其祗植

貽厥嘉猷勉其祗植

貽厥嘉猷勉其祗植

貽厥嘉猷勉其祗植

貽厥嘉猷勉其祗植

省躬譏誡寵增抗極

省躬譏誡寵增抗極

省躬譏誡寵增抗極

省躬譏誡寵增抗極

省躬譏誡寵增抗極

省躬譏誡寵增抗極

殆辱近恥林皋幸即

殆辱近恥林皋幸即

殆辱近恥林皋幸即

殆辱近恥林皋幸即

殆辱近恥林皋幸即

殆辱近恥林皋幸即

兩疏見機解組誰逼

兩疏見機解組誰逼

兩疏見機解組誰逼

兩疏見機解組誰逼

兩疏見機解組誰逼

兩疏見機解組誰逼

索居閒處沉默寂寥

索居閒處沉默寂寥

索居閒處沉默寂寥

索居閒處沉默寂寥

索居閒處沉默寂寥

索居閒處沉默寂寥

求古尋論散慮逍遙
求古尋論散慮逍遙
求古尋論散慮逍遙
求古尋論散慮逍遙
求古尋論散慮逍遙
求古尋論散慮逍遙

欣奏累遣慼謝歡招
欣奏累遣慼謝歡招
欣奏累遣慼謝歡招
欣奏累遣慼謝歡招
欣奏累遣慼謝歡招
欣奏累遣慼謝歡招

渠荷的歷園莽抽條
渠荷的歷園莽抽條
渠荷的歷園莽抽條
渠荷的歷園莽抽條
渠荷的歷園莽抽條
渠荷的歷園莽抽條

枇杷晚翠梧桐早凋
枇杷晚翠梧桐早凋
枇杷晚翠梧桐早凋
枇杷晚翠梧桐早凋
枇杷晚翠梧桐早凋
枇杷晚翠梧桐早凋

陳根委翳落葉飄搖
陳根委翳落葉飄搖
陳根委翳落葉飄搖
陳根委翳落葉飄颻
陳根委翳落葉飄颻
陳根委翳落葉飄颻

游鵾獨運淩摩絳霄
游鵾獨運淩摩絳霄
游鶤獨運淩摩絳霄
游鵾獨運淩摩絳霄
遊鵾獨運淩摩絳霄
遊鵾獨運淩摩絳霄

飽飫亯宰飢厭糟糠

飽飫亯宰飢厭糟糠

飽飫亨宰飢厭糟糠

飽飫享宰飢厭糟糠

飽飫烹宰飢厭糟糠

飽飫亨宰飢厭糟糠

具膳飡飯適口充腸

具膳餐飯適口充腸

具膳餐飯適口充腸

具膳飡飯適口充腸

具膳飡飯適口充腸

具膳飡飯適口充腸

耽讀翫市寓目囊箱

耽讀翫市寓目囊箱

耽讀翫市寓目囊箱

耽讀翫市寓目囊箱

耽讀翫市寓目囊箱

耽讀翫市寓目囊箱

易輶攸畏屬耳垣牆

易輶攸畏屬耳垣牆

易輶攸畏屬耳垣牆

易輶攸畏屬耳垣牆

易輶攸畏屬耳垣牆

易輶攸畏屬耳垣牆

親戚故舊老少異糧

親戚故舊老少異糧

親戚故舊老少異糧

親戚故舊老少異糧

親戚故舊老少異糧

親戚故舊老少異糧

妾御績紡侍巾帷房

妾御績紡侍巾帷房

妾御績紡侍巾帷房

妾御績紡侍巾帷房

妾御績紡侍巾帷房

妾御績紡侍巾帷房

紈扇圓潔銀燭煒煌
紈扇圓潔銀燭煒煌
紈扇圓潔銀燭煒煌
紈扇圓潔銀燭煒煌
紈扇圓潔銀燭煒煌
紈扇圓潔銀燭煒煌

晝眠夕寐藍筍象牀
晝眠夕寐藍筍象牀
晝眠夕寐藍筍象牀
晝眠夕寐藍筍象牀
晝眠夕寐藍筍象牀
晝眠夕寐藍筍象牀

弦歌酒讌接杯舉觴
弦歌酒讌接杯舉觴
弦歌酒讌接杯舉觴
弦歌酒讌接杯舉觴
弦歌酒讌接杯舉觴
弦歌酒讌接杯舉觴

矯手頓足悅豫且康
矯手頓足悅豫且康
矯手頓足悅豫且康
矯手頓足悅豫且康
矯手頓足悅豫且康
矯手頓足悅豫且康

嫡後嗣續祭祀烝嘗
嫡後嗣續祭祀烝嘗
嫡後嗣續祭祀烝嘗
嫡後嗣續祭祀烝嘗
嫡後嗣續祭祀烝嘗
嫡後嗣續祭祀烝嘗

稽顙再拜悚懼恐惶
稽顙再拜悚懼恐惶
稽顙再拜悚懼恐惶
稽顙再拜悚懼恐惶
稽顙再拜悚懼恐惶
稽顙再拜悚懼恐惶

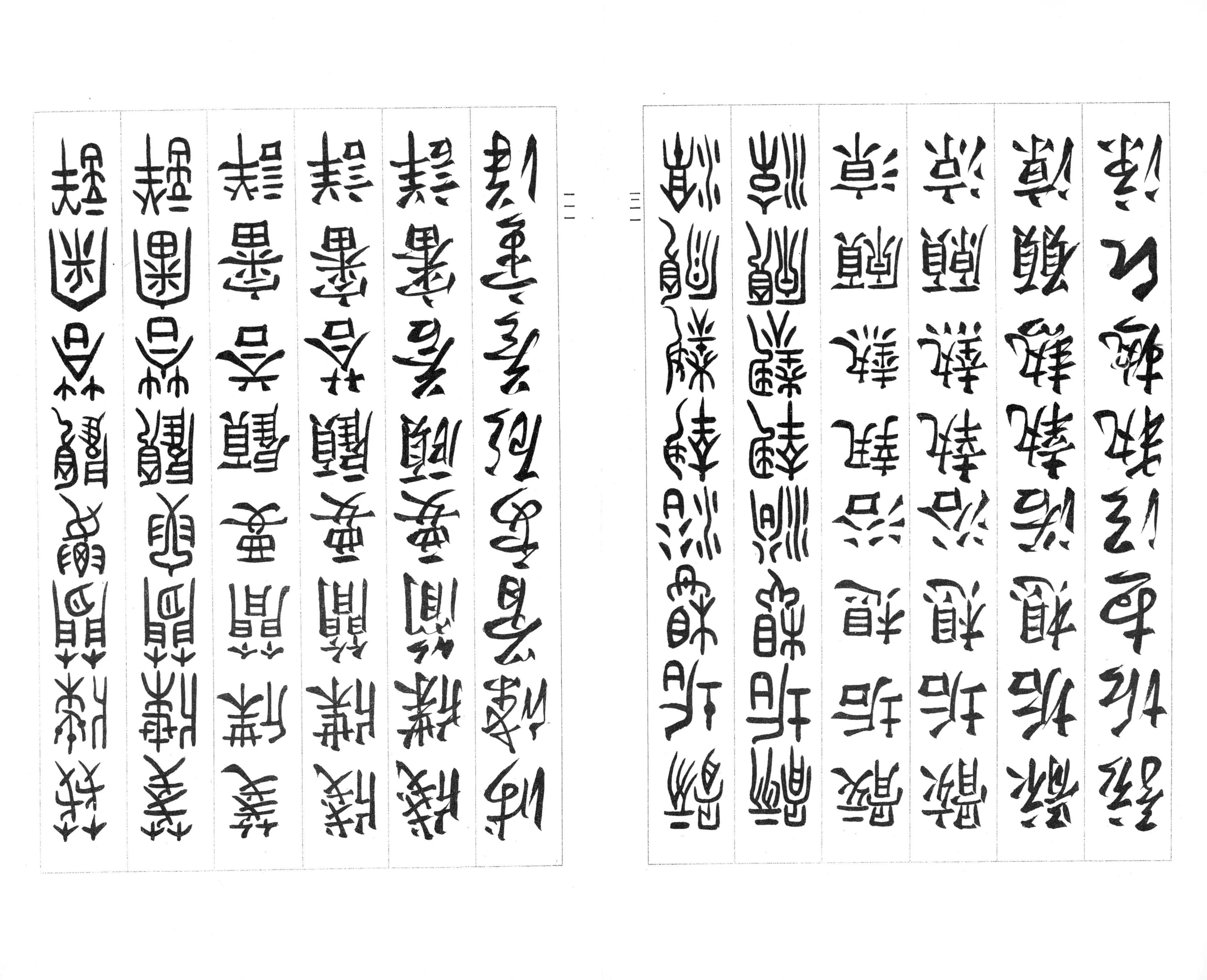

驢騾犢特駭躍超驤
驢驘犢特駭躍超驤
驢驘犢特駭躍超驤
驢騾犢特駭躍超驤
驢騾犢特駭躍超驤
驢騾犢特駭躍超驤

誅斬賊盗捕獲叛亡
誅斬賊盗捕獲叛亡
誅斬賊盗捕獲叛亡
誅斬賊盗捕獲叛亡
誅斬賊盗捕獲叛亡
誅斬賊盗捕獲叛亡

布射僚丸嵇琴阮嘯
布射僚丸嵇琴阮嘯
布射僚丸嵇琴阮嘯
布射僚丸嵇琴阮嘯
布射僚丸嵇琴阮嘯
布射僚丸嵇琴阮嘯

恬筆倫紙鈞巧任釣
恬筆倫紙鈞巧任釣
恬筆倫紙鈞巧任釣
恬筆倫紙鈞巧任釣
恬筆倫紙鈞巧任釣
恬筆倫紙鈞巧任釣

釋紛利俗並皆佳妙
釋紛利俗並皆佳妙
釋紛利俗並皆佳妙
釋紛利俗並皆佳妙
釋紛利俗並皆佳妙
釋紛利俗並皆佳妙

毛施淑姿工顰妍笑
毛施淑姿工顰妍笑
毛施淑姿工顰妍笑
毛施淑姿工顰妍笑
毛施淑姿工顰妍笑
毛施淑姿工顰妍笑

年矢每催羲暉朗曜
年矢每催羲暉朗曜
年矢每催羲暉朗曜
年矢每催羲暉朗曜
年矢每催羲暉朗曜
年矢每催羲暉朗曜

璇璣懸斡晦魄環照
璇璣懸斡晦魄環照
璇璣懸斡晦魄環照
璇璣懸斡晦魄環照
璇璣懸斡晦魄環照
璇璣懸斡晦魄環照

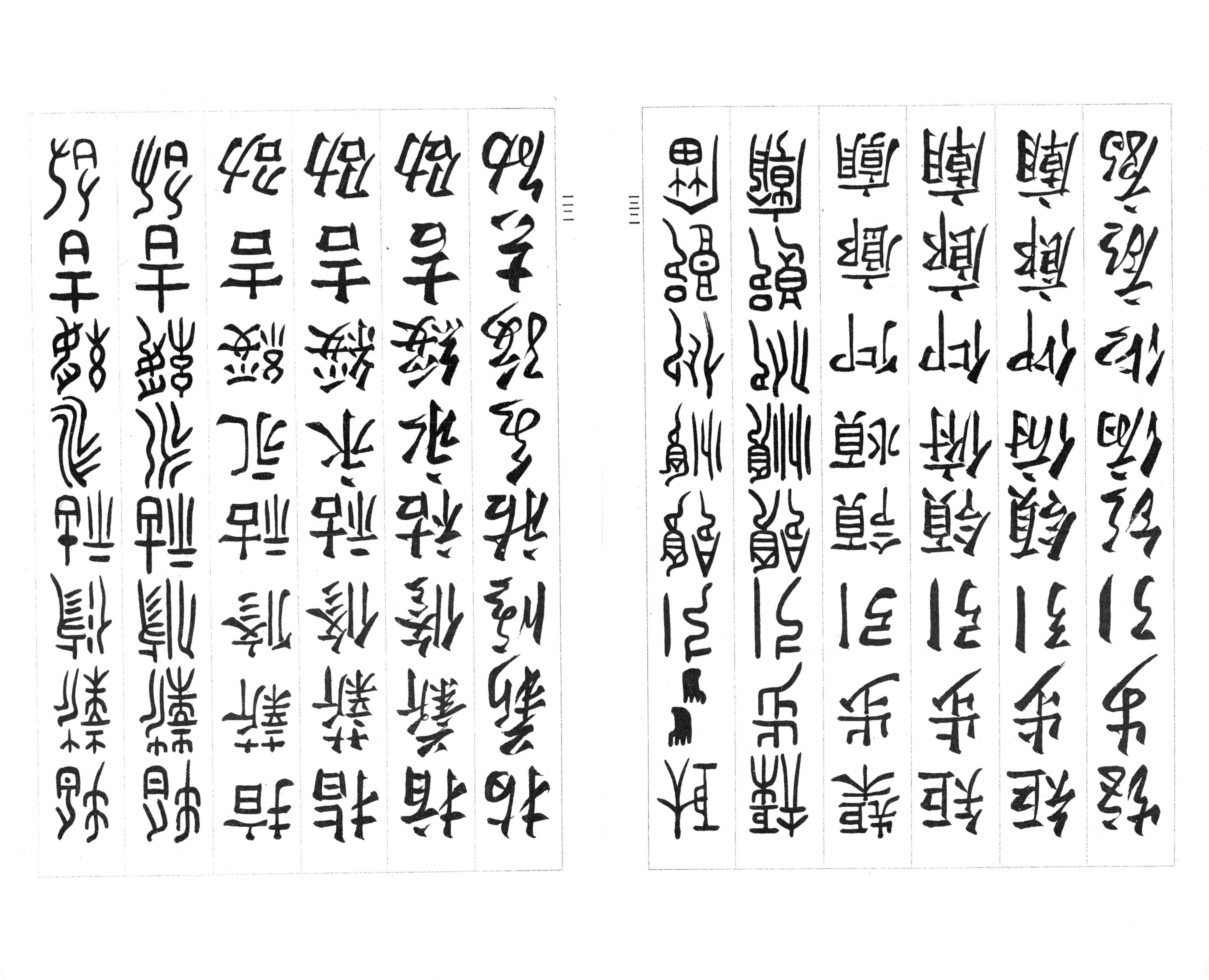

束帶矜莊徘徊瞻眺
束帶矜莊徘徊瞻眺
束帶矜莊徘徊瞻眺
束帶矜莊徘徊瞻眺
束帶矜莊徘徊瞻眺
束帶矜莊徘徊瞻眺

孤陋寡聞愚蒙等誚
孤陋寡聞愚蒙等誚
孤陋寡聞愚蒙等誚
孤陋寡聞愚蒙等誚
孤陋寡聞愚蒙等誚
孤陋寡聞愚蒙等誚

謂語助者焉哉乎也
謂語助者焉哉乎也
謂語助者焉哉乎也
謂語助者焉哉乎也
謂語助者焉哉乎也
謂語助者焉哉乎也

丁丑初夏書竹山逸人　時年七十又七